¡Sssssshhhhhhhhhhh!

Haz del teatro algo íntimo

Llévalo siempre en el bolsillo

Cubierta y diseño editorial: Éride, Diseño Gráfico
Dirección editorial: ángel jiménez

Primera edición: enero, 2024

La gramática
© Ernesto Caballero
© VdB®, 2024
Espronceda, 5
28003 Madrid

VdB®

ISBN: 978-84-19850-31-7
Depósito Legal: M-1339-2024
Diseño y preimpresión: Éride, Diseño Gráfico

Este libro protege el entorno

la gramática

Ernesto Caballero
(Madrid, 1958)

Dramaturgo, director de escena y profesor titular de Interpretación en la Escuela de Arte Dramático de Madrid.

Ha dirigido el Centro Dramático Nacional de 2012 a 2019 desarrollando un proyecto basado en el impulso a la dramaturgia española contemporánea.

Sus últimos trabajos como director han sido *Madre Coraje* de Bertolt Brecht, *Tartufo* de Molière, *Inconsolable* de Javier Gomá y *Voltaire* de Juan Mayorga.

Ha estrenado numerosos textos como *La autora de Las Meninas, Reina Juana* y *Viejo amigo Cicerón.*

También es autor de la versión de *Antígona,* de Sófocles, estrenada en el Festival de Mérida (2011).

Actualmente dirige un seminario para actores organizado por *Teatro Urgente* sobre la *Orestíada* de Esquilo.

Premio Valle-Inclán por su montaje *El laberinto mágico,* sobre textos de Max Aub, también ha recibido el Premio Max, el Premio de la Crítica Teatral y el Premio de la Asociación de Directores de Escena, entre otros.

Recientemente ha sido nombrado Caballero de la Orden de las Artes y las Letras por el Gobierno de Francia.

ERNESTO CABALLERO

la gramática

Prólogo

Los encantos de la lengua

Imaginemos a una mujer de origen humilde y con habilidades de expresión limitadas, quien repentinamente, de manera accidental, se convierte en una persona con una excepcional capacidad de oratoria, en una apasionada defensora de la excelencia del lenguaje. ¿Cómo cambiaría su vida esta circunstancia? ¿Ampliaría sus horizontes personales y profesionales o, por el contrario, estas nuevas destrezas le causarían el rechazo de su entorno?

Del mismo modo, imaginemos a un reputado neurocientífico decidido a someter a esta mujer a un proceso intensivo de desprogramación lingüística, en una dirección opuesta a la del Dr. Higgins en la famosa obra *Pigmalión* de Bernard Shaw, donde transforma a la florista Liza Doolitle en una persona refinada verbalmente. En este caso, el objetivo no sería mejorar verbalmente al personaje, sino, al contrario, devolverla a su estado original de limitación expresiva para evitar los trastornos de adaptación social surgidos tras su inesperado accidente.

Este es el punto de partida de esta *Gramática*, una sátira humorística que expone nuestra relación con el vasto legado que constituye, según Lázaro Carreter, nuestro patrimonio común más sólido: la Lengua. ¿Puede la competencia lingüística generar marginación social? ¿Puede el uso de una corrección sintáctica impecable resultar ofensivo para algunos? ¿Incluso antidemocrático? ¿Es transgredir las normas gramaticales el último objetivo «woke» en la lucha contra la cultura hegemónica? ¿El declive inexorable de la civilización parte del reduccionismo lingüístico, con la renuncia que ello supone al pensamiento complejo? ¿Cuánta verdad hay en lo que afirma Gabo[1] de que nuestro idioma es fabulosamente eficaz, pero también fabulosamente olvidado?

Todas estas cuestiones, y otras más, animan esta obra que tiene un toque de parábola distópica y una buena dosis de comedia ácida sobre los límites del lenguaje, aquellos que, según el filósofo Wittgenstein, son intrínsecos a nuestro mundo. Dos personajes se exponen públicamente al revelar su relación con un idioma, en principio, común, y sus problemáticas capacidades para compartir una misma realidad.

Ahora bien, aún para expresar lo inefable, no nos queda más opción que recurrir a las palabras, palabras que, en algunos casos, son destellos de vivencias compartidas. De esa necesidad surge la gran literatura, en este caso, la

---

[1] Gabriel García Márquez

literatura en español, que brilla con esplendor y diversidad a través de ilustres voces que se manifiestan al final de la obra. Un homenaje, por tanto, también, a la escritura en castellano. Y es que la Lengua, con toda su riqueza y capacidad de explicar el mundo, es la gran homenajeada en esta comedia; nuestra lengua como versátil comedianta, entregada en cuerpo y alma al juego del teatro, ese asombroso fenómeno donde las palabras se nos presentan con ganas de fiesta y diversión.

Ernesto Caballero

Personajes

TERAPEUTA

SUJETO

En el auditorio de una clínica laboratorio de investigación neurocientífica, hacia mediados del siglo XXI. El TERAPEUTA *recibe al* SUJETO *(femenino).*

TERAPEUTA Buenas tardes.

SUJETO Buenas tardes.

TERAPEUTA Bienvenida a nuestro centro-laboratorio de investigación neurolingüística. Espero que se sienta cómoda.

SUJETO Lo intentaré, aunque no estoy acostumbrada a ser el centro de atención.

TERAPEUTA Le agradezco mucho que haya consentido la asistencia de mis colegas a esta sesión. También ellos le dan las gracias.

SUJETO No hay de qué. No tengo ningún inconveniente; además, según me han explicado, la presencia de observadores puede ser beneficiosa.

TERAPEUTA Me hubiera gustado presentarle con su nombre y apellido, pero entiendo sus reservas...

Sujeto   (*Corrigiendo*) Presentarla.

Terapeuta   ¿Cómo?

Sujeto   Presentarla, se dice «presentarla», no «presentarle». Yo soy la presentada por usted. Complemento directo. Si usted, en cambio, fuera a presentarme a alguien, entonces sí sería correcto decir «voy a presentarle a tal o cual persona».

Terapeuta   Ya, bueno, le agradezco la corrección... el caso es que usted prefiere ser presentada como «el sujeto».

Sujeto   Femenino.

Terapeuta   El sujeto femenino.

Sujeto   Eso es. Me parece una forma más que apropiada para lo que nos ocupa. Al fin y al cabo, sufro una perturbación lingüística.

Terapeuta   Pues sí, además, la palabra «sujeto» es el término científico que adoptamos los psicólogos e investigadores sociales. Bien, si le parece, voy a empezar haciéndole unas preguntas con el fin de recordar sus antecedentes.

Sujeto   De acuerdo.

Terapeuta   Usted trabaja en el servicio de limpieza de...

SUJETO   *(Interrumpiendo.)* Trabajaba... el mal que padezco me ha costado mi puesto de trabajo.

TERAPEUTA   ...Trabajaba en una empresa especializada en limpieza y mantenimiento de instalaciones en edificios institucionales.

SUJETO   Así es.

TERAPEUTA   Han pasado tres meses y medio que fue destinada a la sede de la Real Academia de la Lengua...

SUJETO   «Desde».

TERAPEUTA   ¿Qué?

SUJETO   «Desde que». Eso es. «Hace ahora tres meses y medio ‹desde que› fui destinada...».

TERAPEUTA   Hace ahora tres meses «desde que» fue destinada...

SUJETO   Mejor, así mucho mejor.

TERAPEUTA   ...a la sede de la Real Academia de la Lengua, ¿no es así?

SUJETO   Así es. Todo transcurría con normalidad hasta que...

TERAPEUTA   ¿Hasta qué...?

Sujeto   Inesperadamente, y sin causa aparente, una de las estanterías de la parte superior de la biblioteca venció, lo cual hizo que todos los libros que soportaba se precipitaran sobre mi cabeza. El impacto fue severo, de inmediato perdí el conocimiento, no sin antes reparar en los títulos de los volúmenes caídos: una completa colección de *Gramáticas*, desde la primera, la de Nebrija, hasta la más reciente edición de la RAE.

Terapeuta   ¿Y a partir de entonces...?

Sujeto   A partir de entonces comenzó mi calvario.

Terapeuta   ¿Cuándo notó los primeros síntomas?

Sujeto   Al despertar en el hospital.

Terapeuta   Sí, así figura en el informe del que disponemos, facilitado por el sindicato de técnicos y técnicas de enfermería, en el que se le acusa de trato vejatorio para con una de sus afiladas. Leo: la enfermera Marifé R.S. del primer turno de mañana en la UCI, al percatarse de que usted estaba despertando le dirigió amable y cariñosamente las siguientes palabras: «¿qué tal se encuentra? Ya era hora de despertarse una siesta tan larga». Bromeó afablemente. «Hacen dos días ya que ingresó». Usted entonces, con incomprensible ansiedad nerviosa —eso dice el informe—, le replicó con aspereza: «Hace, señorita, hace; se dice ‹hace dos días›,

NO: hacen dos días». «Bueno, tampoco es para tanto...», contestó la técnica sanitaria con lógico desconcierto. «¡Cómo que no es para tanto!», respondió usted con notable irritación. «Le recuerdo que estamos es un centro de salud; debieran ser ustedes los primeros en extremar el cuidado para no contaminar de inmundicias el lenguaje". «Está bien, me tengo que marchar que ‹me se› acaba el turno», se despidió Marifé con profesionalidad y sin querer entablar ninguna discusión con la individua ingresada –así es como se refieren a usted–. Entonces, en un acceso de ira la individua, usted, saltó de la cama y la amenazó con estas palabras: «¡no vuelva a hacerlo! ¡No vuelva a hacerlo!». «¿Pero qué le he hecho?», contestó asustada la profesional-técnica-sanitaria Marifé. «No se le ocurra volver a descolocar un pronombre de su lugar, señorita enfermera». Y añadió: «se dice ‹se me acaba el turno›. Nunca, ‹me se›. Puede que a usted se le acabe el turno, pero le aseguro que a mí la paciencia de buena oyente». «Intente dormir un rato», se limitó a responder la trabajadora. Y aun, antes de que abandonara la habitación la individua ingresada tuvo ocasión de gritarle: «sí, sí, déjeme en paz, pero haga el favor de aprender a hablar con propiedad, que la incompetencia lingüística es nefasta para la salud de la comunidad». Ante estos graves hechos, nuestro sindicato denuncia la actitud de... ya sabe...

SUJETO   Siento mucho haberme comportado así con la sanitaria Marifé. Es cierto que es una buena profesional.

TERAPEUTA   ¿Corrobora todo lo que figura en este informe?

SUJETO   Plenamente. Sí, así empezó todo. No sabía que me estaba pasando, era como si me hubiese poseído alguna perversa entidad morfosintáctica. Yo, una mujer prácticamente analfabeta, de pronto me veía arrastrada a expresarme de un modo tan alejado de mi naturaleza. Algo o alguien había suplantado mi auténtica personalidad para atormentarme con su maniática observancia de las reglas gramaticales...

TERAPEUTA   Gracias. (*A la audiencia.*) Queridos colegas, como acabamos de comprobar, hoy contamos con un caso ciertamente excepcional. Este sujeto (femenino) ha sufrido el extraño accidente que nos acaba de referir: todos los ejemplares de la Gramática Española se precipitaron sobre su cabeza desde una considerable altura. De resultas de ello, la infortunada, perdió el conocimiento y no lo recobró hasta dos días después del impacto, ya en la Unidad de Cuidados Intensivos del centro de salud en el que fue ingresada. Tras la exploración de rigor, no se localizó ningún traumatismo interno, ninguna lesión de consideración más allá de las lógicas contusiones externas provocadas por el golpe. Sin embargo, el equipo médico pasó por alto la siguiente circunstancia: el sujeto, por alguna razón que hoy en día se nos escapa, súbitamente había adquirido una insólita destreza lingüística inexplicable en una persona de su nivel cultural. De la noche a la mañana, esta... este sujeto se había convertido en una consumada experta en toda clase de disciplinas lingüísticas. Ahora bien, estos saberes, lejos de procurarle la natural satisfacción de haber ampliado sus horizontes expresivos, le han originado, contrariamente, un permanente estado de ansiedad y desasosiego que se manifiesta en una extrema sensibilidad a la hora de detectar incorrecciones en el habla común. Finalmente, el sujeto ha tenido a bien recurrir a nosotros para someterse a nuestro programa, fiado de lograr algún remedio que cure, o al menos alivie, su singular trastorno. Ni que decir tiene que en esta ocasión, y aunque tampoco sea el fuerte de nuestro gremio, voy a procurar extremar el cuidado sintáctico; y, a su vez, les pido que también procuren intenten formular de una forma correcta y natural sus preguntas, si es que tienen intención de hacerlo. Bien, proseguimos. *(De nuevo al* Sujeto*)* ¿Cuál es su nivel de estudios?

Sujeto   Básico. Carezco de titulación. Desde muy joven mostré un marcado rechazo a los estudios.

Terapeuta ¿Hábitos de lectura?

Sujeto   ¿Antes?

TERAPEUTA Sí, claro.

SUJETO   Ninguno, más allá de la prensa deportiva.

TERAPEUTA ¿Le gusta el deporte?

SUJETO   Me gustaba. Era socia de una peña.

TERAPEUTA ¿Y ahora? Tras el golpe, ¿le gusta leer?

SUJETO   Ya lo creo, lo hago de forma compulsiva.

TERAPEUTA ¿Qué lee?

SUJETO   Literatura. Clásicos, fundamentalmente.

TERAPEUTA Podemos afirmar, entonces, que antes del accidente su variedad léxica era escasa.

SUJETO   Al igual que mi capacidad sintáctica o mis habilidades retóricas, pero tras el accidente, todo ha cambiado.

TERAPEUTA ¿Tan segura está de que fue el accidente?

SUJETO   Por supuesto, ¿cómo se explica, si no, que una persona inculta de la noche a la mañana haya podido adquirir tal capacidad oratoria?

TERAPEUTA Realmente tiene difícil explicación.

SUJETO   Y lo peor es que esta ciencia infusa gramatical me llegó acompañada de una acusadísima intolerancia hacia cualquier error léxico u ortográfico detectado en el habla ajena. Me resulta imposible soportarlo, se hallan por doquier, cada vez que escucho uno de estos gazapos siento una mortificante desazón.

TERAPEUTA ¿En qué medida se ha visto su vida modificada desde el accidente?

SUJETO Mis inesperadas facultades gramaticales han originado una conmoción en mi entorno más cercano... Mi familia, sin ir más lejos...

TERAPEUTA ¿Sí?

SUJETO También la he perdido.

TERAPEUTA Lo siento.

SUJETO La convivencia se fue haciendo cada vez más difícil hasta que al final tuve que alejarme de ellos. Ni mi esposo ni mis hijos me reconocían. Me tomaban por una desconocida dedicada a ponerlos constantemente en evidencia. Mi suegra salió con aquello del «si ya sabía yo que no era oro todo lo que relucía».

TERAPEUTA ¿Llegó a producirse algún episodio de violencia entre ustedes?

SUJETO Sólo verbal. Créame, es realmente insoportable compartir la vida con un hombre cuyo repertorio lingüístico apenas llega al centenar de palabras, y mis hijos no le van a la zaga en cuanto a indigencia en su expresión oral. Mis dos hijos, con quienes siempre me había entendido en esa jerga propia de los jóvenes y con los que había tejido una estrecha complicidad, terminaron dándome la espalda entre reproches de que su madre los estaba humillando... Al final, como le digo, decidí que lo mejor para todos sería alejarme del núcleo familiar. Actualmente vivo sola, en un pequeño apartamento... apenas puedo verlos... Disculpe...

(Se viene momentáneamente abajo por la emoción.)

TERAPEUTA   Tranquila, tómese el tiempo que necesite...

SUJETO   *(Afectada.)* Es que no alcanzo a comprender cómo ha podido enfriarse así nuestra relación. De pronto empecé a ver a Remi, mi marido, como un abultado catálogo de erratas parlantes. El pobre no hacía más que expresar su queja a su tosca manera: «Pero ¿a ti qué te ha *dao*? Habla en cristiano y deja de vacilar a tu familia con ese condenado parloteo, que parece que los estás haciendo *a postas*». A lo que yo le replicaba con saña: «tú eres quien está destrozando el nido conyugal con sus anacolutos». *(Conmovida.)* Es todo tan injusto...

TERAPEUTA   Me hago cargo de la situación.

SUJETO   Y Joshua y Danerys, mis hijos, se me antojaban como dos rudas criaturas surgidas de la edad de piedra, incapaces de comunicarse sin hacer uso de espantosas e incomprensibles onomatopeyas... *(Tras una pausa.)* Cuando quiera, podemos continuar.

TERAPEUTA   ¿Seguro que está ok.?

SUJETO   ¿Cómo ha dicho?

TERAPEUTA   *(Algo amedrentada.)* Que si ya se encuentra mejor.

SUJETO   Sí, sí. Prosigamos. Pero, por favor, le ruego que evite los anglicismos.

TERAPEUTA   De acuerdo. Hábleme ahora de su situación laboral. ¿Cómo es que ha perdido su trabajo?

SUJETO   Una buena mañana fui convocada por Recursos Humanos –valga la ironía del nombre asignado al departamento de despidos–; allí se me comunicó que la empresa había decidido prescindir de mis servicios por mi incapacidad de integración en los equipos, así como por desconsideración manifiesta hacia la dirección de la empresa. Al parecer fueron mis propias compañeras quienes exigieron mi carta de despido. ¿Qué le parece? Cuando era yo quién estaba sufriendo una constante marginación y rechazo por parte de todos ellos.

TERAPEUTA   ¿Fue objeto de *bullying* laboral...? (*Corrigiéndose rápidamente.*) Quiero decir, ¿llegó a sentirse acosada en la empresa?

SUJETO   Sí, sobre todo, como le digo, por mis compañeras de sección.

TERAPEUTA   Con las que siempre había congeniado.

SUJETO   En un primer momento, se mostraban divertidas con el cambio operado en mí; me llamaban «profe», «poeta» o « quijote» –aunque en realidad querían decir Cervantes–; sin embargo, poco a poco, como me resultaba imposible no reprender los errores morfosintácticos en que constantemente incurrían al abrir la boca, me fueron dando de lado hasta, –ya sabe como funcionan los grupos humanos– hasta convertirme en el chivo expiatorio de todos su complejos y frustraciones.

TERAPEUTA   ¿No hizo nada para evitar esa animadversión?

SUJETO   Ya lo creo, pero fue un intento absolutamente infructuoso. Traté de hablar mal, pero en seguida desistí.

TERAPEUTA   ¿Exceso de auto exigencia?

SUJETO   Llámelo como quiera, la cuestión es que resulta del todo imposible pasar por alto errores sintácticos tanto en mi expresión oral como en la de los demás; con decirle que casi llego a las manos con mi jefe.

TERAPEUTA   ¿Y eso?

SUJETO   Traté de hacerle ver, también con escaso éxito, que sus ordenes eran imprecisas y contradictorias debido a una carencia en su vocabulario que le impedía captar y por tanto, definir, las dinámicas de la empresa. Me señaló la puerta lanzándome estas palabras: «a partir de ahora vas a tener mucho tiempo para ‹captar› y ‹definir› las dinámicas de la oficina de empleo».

(Pausa.)

TERAPEUTA   Permita que le muestre el siguiente párrafo de un artículo de prensa. *(El* TERAPEUTA *hace una señal y aparece proyectado el siguiente texto)* «Julio Verne, además de un prolífico escritor, fue un estudioso de la actualidad científica de su época. Su inquietud intelectual lo llevó a dedicar varias horas a adquirir una cultura científica enciclopédica». ¿Qué le parece?

SUJETO   Incierto. Podría ser un gazapo del redactor como una información veraz. Lo desconozco.

TERAPEUTA   ¿«En varias horas una cultura científica enciclopédica»? ¿Cree que eso es posible?

SUJETO   Como suele decirse coloquialmente, ¡¿le va usted a hablar de diluvios a Noé?! No seré yo quien ponga en entredicho tal afirmación. Lo mío aconteció en mucho menos tiempo.

TERAPEUTA   Los caminos del conocimiento son «inexcrutables». ¿No es así?

SUJETO   (*Corrigiendo.*) Inescrutables, por favor.

TERAPEUTA   «Inexcrutables», ya... Lo mismo que acabo de decir.

SUJETO   No, usted ha pronunciado «inexcrutables», con «x»; esa consonante suplantadora de la «s» me hace mucho daño, créame.

TERAPEUTA   (*Algo exasperado.*) Está bien, disculpe, no ha sido mi intención...

SUJETO   ¿Su intención, de qué? Por el amor de Dios, termine la frase.

TERAPEUTA   No ha sido mi intención herir su finísima sensibilidad fonética.

SUJETO   Ironía.

TERAPEUTA   Llámelo como quiera.

SUJETO   Figura retórica.

TERAPEUTA   *(Desafiante.)* ¿Le parece mal que haga uso de ella?

SUJETO   En absoluto.

TERAPEUTA   *(Resolutivo.)* Pues, entonces, lo dicho.

SUJETO   Lo bien dicho.

TERAPEUTA   ¿Podemos continuar?

SUJETO   Por supuesto. *(Silencio.)* Inescrutable, del latín *inscrutabilis*, que no se puede llegar a comprender.

TERAPEUTA   Tal es su caso, ¿no es así?

SUJETO   Desgraciadamente así es hoy en día; con todo, aún conservo la confianza en la ciencia.

TERAPEUTA   Mayor o menor que en la Academia.

SUJETO   ¿A qué se refiere?

TERAPEUTA   Ha demandado a la RAE por los supuestos daños causados sobre su persona, pero, al mismo tiempo, se ha convertido en la más acérrimo defensora de sus normas.

SUJETO   Esos «supuestos» es una coletilla que también me resultan insufribles, más en un caso tan evidente como el mío. Y sí, muy a mi pesar, me veo forzada a defender su ortodoxia.

TERAPEUTA   La instrucción del proceso judicial se encuentra paralizada por su manifiesto desacuerdo en cuestiones de forma.

SUJETO   A pesar de que las resoluciones eran favorables a mi causa, me he resistido a aceptar como válidos documentos rebosantes de faltas de ortografía y flagrantes errores sintácticos.

TERAPEUTA   Pero no sólo se limitó a manifestar estas discrepancias formales en el juzgado, en la vista oral sacó a relucir otras cuestiones relacionadas con la oralidad de algunas figuras públicas. Su acerva crítica hacia el modo de expresar algunas de ellas fue despiadada, llegó, incluso, al insulto y la amenaza. Al parecer, declaró –cito textualmente– su ardiente deseo de «condenar al silencio de los cementerios» a una ministra del gobierno, a dos tertulianos y a un comentarista deportivo; a todos ellos los acusó de terrorismo idiomático. Esa fue su expresión, tal como figura en el acta. Finalmente, la jueza...

SUJETO   (Con retintín.) ¡La jueza!

TERAPEUTA   La jueza, si. Aceptada al fin por su venerada Academia... la jueza, le decía, le impuso una elevada multa por incitación al odio.

SUJETO   ¡Al odio! Es el mundo del revés. ¿Quién es la víctima?

TERAPEUTA   ¿Usted?

SUJETO   La lengua.

(*Silencio.*)

TERAPEUTA   Qué opinión le merece, pues, la Academia, al margen del pleito que tiene contraído con ella.

SUJETO   Necesita una limpieza a fondo, se acumula el polvo y los ácaros viven a sus anchas. Además, muchas de sus instalaciones están muy deterioradas, habría que renovar todo el cableado del edificio; en cuanto al estado de la madera, es urgente realizar una inspección técnica para valorar posibles daños producidos por la carcoma y otros insectos xilófagos como las termitas.

TERAPEUTA   Ya, me refería a la opinión que le merece la actividad que desarrollan sus miembros. Supongo que, como preservadores del idioma, aún a su pesar, gozarán de alguna simpatía por su parte.

SUJETO   Mantengo con la RAE una relación contradictoria; por un lado, reconozco su meritoria labor como valedora de nuestro idioma: me debo a su «palabra», nunca mejor dicho. Ahora bien, resulta comprensible que aliente un sordo rencor hacia ella, dado que, en última instancia, es responsable de mi incómoda situación. A ello, últimamente, se añade mi profunda discrepancia a su pusilánime tendencia de admitir espurias expresiones de lo que algunos denominan «lengua de la calle».

TERAPEUTA   Pero la lengua es un organismo vivo...

SUJETO   Ciertamente, y muy delicado...

TERAPEUTA   Que se va modelando según el uso que la gente hace de ella.

SUJETO   Exacto. El pueblo con el paso del tiempo termina creando la lengua de todos; ahora bien, muchas expresiones o neologismos que se están incorporando al diccionario son sólo cardos de un día propagados artificialmente por bárbaros empeñados en crear una neo lengua. A nuestros académicos les compete registrar las innovaciones que enriquezcan nuestro idioma pero que no atenten contra su propia estructura.

TERAPEUTA   ¿A su juicio están descuidando esa labor?

SUJETO   Sólo digo que en ocasiones ceden a la cursilería de la corrección política y a la vulgaridad.

TERAPEUTA   Lo vulgar, tiene otra acepción carente de connotaciones peyorativas. Procede de la palabra «vulgo», el pueblo, la gente común; ellos fueron quienes convirtieron el latín en la lengua «vulgar» con la que ahora nos estamos comunicando. Actitudes como la suya hace siglos se hubiesen resistido a esa evolución.

SUJETO   Se equivoca. Yo estoy a favor de esa evolución natural. Lucho, precisamente, para que evitar las anomalías que alteran ese decurso. *Natura non facit saltus*.

TERAPEUTA   ¿Qué tipo de anomalías?

SUJETO   Implementar, poner en valor, empoderar, hoja de ruta, visibilizar, hacer los deberes, monitorizar, transversal... avalar –en sentido de respaldar–...

TERAPEUTA   Bien, ahora vamos a realizar una pequeña prueba sobre sus mecanismos de respuesta neuronales. Es muy sencillo, tan sólo le voy a pedir que corrija de modo inmediato una serie de eufemismos que voy a enunciar. ¿Preparada? Bien. Ahí va el primero: *Minijob*.

SUJETO   Empleo precario.

TERAPEUTA   Moderación salarial.

SUJETO   Bajada de sueldo.

TERAPEUTA   Recargo temporal de solidaridad.

SUJETO   Subida de impuestos.

TERAPEUTA   Segmento de ocio.

SUJETO   Recreo.

TERAPEUTA   Afloramiento de contribuyentes.

SUJETO   Amnistía fiscal para defraudadores.

TERAPEUTA   Carenciado capilar.

SUJETO   Calvo.

TERAPEUTA   Desaventajado.

SUJETO   Pobre.

TERAPEUTA   Procedimiento de ejecución hipotecaria.

SUJETO   Desahucio.

TERAPEUTA   Instalación fabril.

SUJETO   Fábrica.

TERAPEUTA   Deslizamiento de precios.

SUJETO   Subida de precios.

TERAPEUTA   Climax.

SUJETO   Orgasmo.

TERAPEUTA   Bien, es suficiente. Puede beber agua si lo desea.

SUJETO   Gracias.

TERAPEUTA   ¿Todo bien? ¿Preparada para proseguir?

SUJETO   Si, cuando quiera.

TERAPEUTA   Bien, a continuación, quisiera que prestara atención a las siguientes frases. Va la primera. «Soy una persona bien pensante, acudí al dentista porque tenía una carie». ¿Cómo se siente?

SUJETO   *(Muy afectada.)* Tensa. Como sabe, o debiera saber cualquier escolar, antes de la consonante «p» nunca puede haber una «n». Se escribe «biempensante», con «m». Y la palabra carie no existe en singular, si a uno se le corroe el esmalte de una muela, tiene una «caries» no una «carie». Ahora sí necesito beber agua.

(El SUJETO *bebe agua.)*

TERAPEUTA   Otra. «Me estoy dando cuenta que faltan vasos».

SUJETO   Por el amor de Dios, ¿cuesta tanto trabajo añadir la preposición? Me estoy dando cuenta de que faltan vasos.

TERAPEUTA   La última. «La hablé porque ella estaba necesitando un consejo».

SUJETO   Horrible: un lacerante laísmo seguido de una espantosa construcción en gerundio. ¡Quién da más! ¡Quién da más patadas al castellano! Le hablé porque ella necesitaba un consejo. ¿Es tan difícil?

TERAPEUTA Bien, ahora me gustaría someterle a otra sencilla prueba.

SUJETO *(Corrigiéndole.)* Someterla.

TERAPEUTA Someterla a otra sencilla prueba.

SUJETO ¿De qué tipo?

TERAPEUTA Neurológico-conductual.

SUJETO La jerga de la gente de ciencia también es ciertamente inescrutable.

TERAPEUTA Verá, a partir de los datos que disponemos...

SUJETO *(Corrigiendo.)* ...de que disponemos.

TERAPEUTA ...Los datos de que disponemos relativos a sus costumbres y aficiones, hemos elaborado un software de realidad virtual capaz de inducirlo a revivir situaciones familiares.

SUJETO ¿Qué me quiere decir con toda esa jerigonza?

TERAPEUTA Le hablo de un mecanismo concebido para activar su genuina personalidad lingüística, por decirlo de algún modo.

SUJETO Prosiga.

TERAPEUTA Así por ejemplo, usted ha manifestado que disfruta –disfrutaba- sentada frente al televisor viendo programas televisivos de crónica rosa o chismes de *celebritys*. *(Corrigiéndose rápidamente.)* Quiero decir, artistas famosos de la farándula.

SUJETO   Tenía entendido que esa información era reservada…

TERAPEUTA No se preocupe, mis colegas saben guardar el secreto profesional. Si hace el favor…

SUJETO   ¿Tengo que colocarme esto?

TERAPEUTA Será un momento.

SUJETO   ¿Indoloro?

TERAPEUTA Pierda cuidado. Ya verá cómo disfruta de la experiencia. Estos sensores provocarán una regresión a su natural estado de feliz y atrevido subdesarrollo expresivo.

SUJETO   Estoy impaciente.

TERAPEUTA Vamos, pues, a ello. *(Tras preparar un sencillo instrumental, procede a la prueba.)* En un momento dado se activará un mecanismo que le inducirá a recrear la siguiente situación: se halla sentada frente al televisor contemplando una acalorada discusión entre periodistas especializados en prensa del corazón; de pronto, siente un irrefrenable deseo de intervenir en el debate –llamémoslo así–… ¿Está preparada? Bien.

(Activa el dispositivo. Efectivamente se escucha el consabido barullo de este tipo de tertulias televisivas. Finalmente, el Sujeto, *como si se hubiera liberado de un resorte, suelta su alocución.)*

Sujeto   *(Vehemente, sin apenas respirar.)* No no perdona pero a ver una madre así sí una madre no me parece correcto que salga así por las noches a las discotecas una madre dejando a sus hijos así sin su madre que es la madre de sus hijos no es una madre que haberlo pensado antes bonita y no aprovecharse así de los abuelos de las criaturas que tienen que estar todas las noches allí al pie del cañón mientras ella la madre ¿me explico? La madre viviendo la vida loca… perdona pero sí eso es lo que pienso bajo mi criterio y ya sabéis que para mí lo mas importante es la sinceridad y decir lo que se piensa y eso es lo que yo pienso de esa madre que tiene muy poco de madre ¿vale? y no no que yo no soy machista que sé lo que estáis pensando sólo soy una persona humana y como persona humana sé lo que es lo correcto y es así de toda la vida porque en la vida hay una etapa para cada etapa valga la redundancia y una madre es una madre es por encima de todo pero es que además ella es una *celebrity* y tiene que tener más cuidado que nadie con su imagen y con su look que es una palabra que viene del inglés to *looking* que quiere decir ver por que a ella la ven aunque claro ella lo que quiere es eso que la vean porque como está en horas bajas pues bien que se pasea por las discotecas de moda con esa pinta que hay que ver qué escotes que ya no es una veinteañera que hay que ver lo que es capaz de hacer la gente a nivel de su minuto de gloria pero nada oye que por mí que cada cual haga lo que quiera que yo no me meto en la vida nadie y menos de una mujer que lo que hace si lo hace un hombre está muy bien pero si lo hace una mujer es una puta qué pasa ya no estamos en horario infantil ¿no?

TERAPEUTA Es suficiente. Desconectamos. ¿Está bien?

SUJETO *(Que ha quedado exhausta.)* Sí, ha sido duro, pero aquí estoy.

TERAPEUTA Lo ha hecho muy bien. ¿Ve cómo no es para tanto?

SUJETO Estoy un poco mareada.

TERAPEUTA Al principio es lógico que se sienta algo indispuesta, pero según vaya haciéndose a la rehabilitación irá desapareciendo el malestar.

SUJETO Me parece increíble que haya sido capaz de propinar tantas patadas al lenguaje en tan poco tiempo.

TERAPEUTA Es importante que evite autocriticarse durante el tratamiento.

SUJETO Y con ese tono de arrabalera. Qué vergüenza.

TERAPEUTA   Aún tiene el oído extremadamente delicado, pero, ya le digo, poco a poco esas formas las reconocerá como propias y dejarán de afectarle. Ahora, si le parece, vamos a analizar alguna de las frases que acaba de proferir. Aquí está «su texto». (*Imágenes del texto proyectado. Leyendo.*) «No no perdona pero a ver una madre así si una madre no me parece correcto que salga así por las noches a las discotecas».

SUJETO   ¿Yo he sido capaz de decir ese disparate?

TERAPEUTA   Por sí misma. Debe sentirse orgullosa.

SUJETO   No sé qué pensar. Me encuentro escindida entre el rigor sintáctico y la relajada espontaneidad del mal hablante.

TERAPEUTA   Ese conflicto ya es un primer paso de cara a su recuperación. Siguiente frase: «una madre dejando a sus hijos así sin su madre que es la madre de sus hijos no es una madre que haberlo pensado antes, bonita»… ¿Y bien?

SUJETO   Me vuelven las nauseas…

TERAPEUTA   Haga un esfuerzo.

SUJETO   Me cuesta aceptar que he podido expresarme de ese modo.

TERAPEUTA   Tal cual. ¿Seguimos?

SUJETO   Sí, sí, por favor.

TERAPEUTA   (*Leyendo.*) «y no aprovecharse así de los
             abuelos de las criaturas que tienen que estar
             todas las noches allí al pie del cañón mientras
             ella ¿me explico? vive la vida loca...».

SUJETO   (*Estallando.*) «Y no aprovecharse», ¿qué quie-
             re decir ese infinitivo en modo reflexivo? Y, por
             favor, esa intolerable ambigüedad, ¿quiénes son
             los que tienen que estar toda la noche al pie
             del cañón? Los abuelos o «las criaturas»... Por
             no hablar de esa mostrenca muletilla del
             «¿Me explico?», y el inefable «bajo mi crite-
             rio...», o el consabido «¿vale?»... «Persona hu-
             mana», pleonasmo; «una etapa para cada eta-
             pa», «celebrity», «look», anglicismos, «a nivel
             de un minuto de gloria»...; qué espanto...

TERAPEUTA   Le horroriza porque es consciente de ello,
             cuando deje de serlo vivirá cómodamente ha-
             ciéndose entender a su manera...

SUJETO   Me siento muy abochornada por haber ofre-
             cido tan impresentable recital delante de tan
             distinguido auditorio ... La mayor parte de los
             aquí presentes pensarán que no tengo reme-
             dio... ¡Un momento!... He dicho «la mayor
             parte "pensarán"» violentando la correspon-
             dencia de número... Lo correcto es decir «la
             mayor parte pensará»... Pero yo he dicho
             «pensarán»...

TERAPEUTA   Un indiscutible progreso. Son los primeros sín-
            tomas de que se va integrando en la mayoría
            parlante...

SUJETO   Acabo de incurrir en una silepsis de tomo y
            lomo...

TERAPEUTA   Bien, vamos, bien...

SUJETO   Qué buena noticia, doctora, estoy empezando
            a hablar mal.

TERAPEUTA   No debe bajar la guardia. Debe hacer un es-
            fuerzo, todo está en la mente. Debe resistir la
            tentación de corregirse tanto a sí misma como
            a los demás.

SUJETO   Lo intentaré, pero no crea que es fácil.

TERAPEUTA   Relaje la mente, despreocúpese de la morfo-
            sintaxis, libere fonemas y sintagmas. Resulta
            imposible expresarse con soltura si uno en todo
            momento no deja de analizar sus propias cons-
            trucciones gramaticales. Trate de prestar oído
            a su entorno y lanzarse espontáneamente con
            cualquier frase que le venga a la cabeza sin te-
            mor a equivocarse. Y si aún persiste en su ha-
            bla algún resabio culto, no se desanime. En
            principio, lo importante es comunicarse, que
            la gente la entienda, aunque sea hablando bien.
            Y, sobre todo, evite juzgar el habla de los otros,
            verá como poco a poco va adquiriendo mayor
            habilidad en el descuido de sus enunciados.

SUJETO   ¿Y usted?

TERAPEUTA ¿Yo?

SUJETO   Salvo en contadas ocasiones, se expresa con bastante propiedad.

TERAPEUTA Deformación profesional. Como científica me debo a un criterio de precisión sintáctica, factor que, por otra parte, intento extremar dado el caso que nos ocupa. Con todo, le confesaré que no suelo expresarme de forma tan alambicada como lo estoy haciendo en esta sesión; simplemente trato de adaptarme a su imaginario para evitar reacciones traumáticas.

SUJETO   Le agradezco el esfuerzo.

TERAPEUTA No tiene por qué, forma parte de nuestro trabajo. Aunque, ya sabe, me dedico a una disciplina que también ha creado su propia lengua a partir de crípticos conceptos estructuralistas y neologismos anglosajones incubados en las universidades americanas. Para mí, ya le digo, expresarme como lo estoy haciendo con usted es como hablar otro idioma.

SUJETO   ¿Un idioma en vías de extinción? ¿Algo así como el latín?

TERAPEUTA Exactamente. Me temo que dentro de nada, hablar con corrección sintáctica será como hacerlo en una lengua muerta; la ortografía y la gramática hace tiempo que dejaron de ser asignaturas obligatorias en los colegios. Y a propósito de la ortografía. Según un reciente estudio realizado en una prestigiosa universidad... Mejor, lea usted misma:

(Se proyecta el siguiente párrafo.)

SGÚEN ETSDUIOS RALEZIAODS POR LA UIVENRSDIAD IGNLSEA DE CMDIBRAGE, NO IPMOTRA EL ODREN EN EL QUE LAS LTEARS ETSÉN ERSCIATS, LA ÚICNA CSOA IPORMTNATE ES QUE LA PMRIREA Y LA ÚTLIMA LTERA ESÉTN ECSRITAS EN LA PSIÓCION COCRRETA. EL RETSO PEUDE ETSAR TTAOLMNTEE DOAERDSENDO Y AÚN PORDÁS LERELO SIN POBRLEAMS, PQUORE NO LEMEOS CADA LTERA EN SÍ MSIMA SNIO CDAA PAALBRA ETENRA.

SUJETO   *(Lee.)* «Según estudios realizados por la Universidad inglesa de Cambridge, no importa el orden en que las letras estén escritas, la única cosa importante es que la primera y la última letra estén escritas en la posición correcta. El resto puede estar totalmente desordenado y̆ aún podrás leerlo sin problemas, porque no leemos cada letra en sí misma sino cada palabra entera».

TERAPEUTA   Como ve, a nuestro cerebro no le preocupa en exceso el rigor ortográfico. Lo que le interesa es hacerse entender. Esto lo sabe muy bien la gente joven con sus apócopes y contracciones. Se saben entender en un código propio.

SUJETO   No me recuerde esas recurrentes palabras comodín y esos fastidiosos latiguillos que emplean mis hijos: «va a ser que sí», «ya ves, tío» «ya ves, tía», «guay», «porfi», «alucinante, no; lo siguiente…». En fin…

TERAPEUTA Hoy en día la gente adulta también ha adoptado esas expresiones. No tiene que hacerle ascos a su uso.

SUJETO   (*Resignada.*) Supongo que también tendré que aceptar de buen grado la infantilización del debate público. Trataré de seguir regularmente las sesiones del Congreso de los Diputados.

TERAPEUTA Excelente idea. Será un buen ejercicio.

SUJETO   (*Decaída.*) No sé, doctora… Siento que me flaquean las fuerzas.

TERAPEUTA Vamos, no desfallezca, piense que más pronto que tarde podrá comunicarse con sus hijos.

SUJETO   No deseo otra cosa. Aún no me explico este alejamiento. Se avergüenzan no ya de mi forma de hablar y de mi irrefrenable tendencia a corregirlos sino también, de que, por la misma razón, haya entrado en conflicto con alguno de sus profesores.

TERAPEUTA   ¿Conflicto?

SUJETO   Como dirían mis vástagos: «es que ya les vale». Por ignorancia o por querer hacerse los colegas majos con el alumnado descuidan las más elementales reglas.

TERAPEUTA   ¿No le parece que está siendo muy severa?

SUJETO   En absoluto.

TERAPEUTA   Le voy a leer el parte de evaluación de uno de sus hijos que usted devolvió al tutor del curso repleto de anotaciones y enmiendas a la prosa del docente. Su comunicación termina así: «Por favor, la próxima vez evítenos en su escrito esta plaga de comas asesinas».

SUJETO   Sí, es horrible, al separar el sujeto del predicado provocan la muerte súbita de la oración y casi también la de esta lectora.

TERAPEUTA   ¿No le parece algo exagerado por su parte?

SUJETO   Por supuesto que sí, por eso requiero su ayuda.

TERAPEUTA   En ello estamos. Ya verá como logra contener esos impulsos.

SUJETO   (Escéptica.) ¿Usted cree?

TERAPEUTA   Estoy convencida, pero tiene que poner de su parte. Mantener un razonable optimismo con respecto a su recuperación, considere que ya han empezado a asomar los primeros brotes verdes.

SUJETO   No, por favor…Esos «brotes» que han proliferado como una mala hierba en la jerga de los políticos son ciertamente vomitivos.

TERAPEUTA De acuerdo, no he dicho nada. Volvamos a la cuestión de sus hijos y la docencia.

SUJETO   Como le digo, he sufrido el rechazo de toda la comunidad escolar. Cometí el error de asistir a una reunión de padres de alumnos. En cuanto abrió la boca el tutor y comenzó a emitir solecismos y expresiones burocráticas mal hilvanadas, abandoné el aula farfullando un «aquí no vuelvo hasta que no se descortece el personal».

TERAPEUTA Sí, esa anécdota también figura en el informe, así como otras similares acaecidas en la asociación de vecinos de la finca en que reside.

SUJETO   Residía… Ahora la ocupan mi esposo y mis hijos. *Okupan*, tiene gracia… Así, con «k», como la escribirían mis hijos.

TERAPEUTA Después de la conmoción tuvo que dimitir como presidenta. Sí, presidenta, también admitido.

SUJETO   Los vecinos no toleraban mi nueva y sobrevenida identidad. Me llamaron elitista, «cultureta», «finolis», «marquesa del pedo», «facha»,

qué se yo… Decían que trataba de humillar-
los y que si quería «tirarme el pisto de intelectual» me mudara a otro barrio, cosa que, por
cierto, terminé haciendo.

Terapeuta   Sea como sea, hemos diseñado un programa
para activar su locuacidad en una de estas reu-
niones de la asociación previas al accidente. Se
trata de hacerle recuperar su verbosidad mediante la recreación de una situación que nuestro equipo, algo frívolamente, ha llamado «el
minuto de gloria de la cuñada-presidente».

Sujeto   Qué simpáticos.

Terapeuta   Ya verá como la reconecta con su antigua
identidad; déjese sorprender y abandónese a la
incontinencia verbal. Si hace el favor… (El Sujeto *femenino vuelve a instalarse en el dispositivo.*) Bien… Allá vamos…

Sujeto   (*Tras un silencio, es poseída por el personaje de
la cuñada-presidente-de-la-asociación.*) Bue-
no un momento por favor que vamos a empezar estar todo el mundo atento que luego
se os tiene que repetir las cosas repetidamente
diez veces y es un marrón bueno pues si estamos vamos a empezar lo primero de todo
manifestar de que hay algunos que no han pagado la cuota y así que ya estáis oyendo lo que
digo aquí o se está al corriente de pago o aquí
no tiene derecho ni el tato a decir ni esta boca
es mí ¿queda claro? Bueno pues pasamos al

próximo punto siguiente que es el que voy a leer a continuación «Derrama extraordinaria para cambiar la vieja barandilla de la escalera que se ha quedado obsoleta» quién tiene algo que decir que lo diga ahora a ver quién pide la palabra vale vale todo dios quiere hablar ahora vale que sí que sí que ahora vais a hablar todos pero todos los que hayáis pagado la cuota aunque antes va a hablar la presidenta que para eso es la presidenta y tiene prioridad a nivel del uso de la palabra así que esta presidenta que os habla ahora os comunica que ya ha visitado unas cuantas cerrajerías en base a la necesidad de nuestra susodicha finca y que hay una de ellas una cerrajería para que se me entienda una cerrajería que ofrece muy buen precio y que además le han mostrado un modelo de barandilla para escalera comunal que de verdad que es muy curiosa y que le ha impresionado una barbaridad a esta presidenta por lo fina y elegante que se ve la barandilla que se ha pensado para instalar en la escalera de nuestra finca así que ahora vosotros podéis tomar la palabra democráticamente y si no os parece bien esta propuesta que ya veo la mala baba de alguno que va a decir que el cuñado de la presidenta es el cerrajero y que eso lo prohíben nuestros estatutos pues a ver qué propone el listo de turno que siempre sois los mismos los que venís a poner pegas y a joder la marrana que es muy fácil ver los toros desde la barrera pero luego lo que es mover el culo eso ya es otro cantar mover el culo a tope como ha hecho esta presidenta pidiendo presupuestos y visitando cerrajerías diseñando estéticamente una escalera comunal para todos los vecinos y vecinas de este inmueble sí también consultando a su cuñado qué os pongáis como os pongáis esta presidenta siempre lo vais a tener en contra de cualquier tipo de discriminación positiva o negativa ya sea a nivel de vecinos y vecinas o a nivel de cerrajeros o cerrajeras... Y a no confundirse que esta presidenta puede que sea buena pero de tonta no tiene un pelo y ahora ya podemos pasar al siguiente punto ... (*Abandona el espacio del dispositivo ostensiblemente alterada.*) Ahhggg...

TERAPEUTA Tranquila, ya pasó.

SUJETO Parece mentira que un ser racional pueda expresarse de ese modo. Me pregunto si alguien es capaz entender algo de lo que he dicho.

TERAPEUTA Nos ha comunicado de forma muy elocuente la idea esencial.

SUJETO ¿Qué idea?

TERAPEUTA La idea exculpatoria con respecto a los negocios con *su* cuñado, además, claro, de que es una mujer buena sin un pelo de tonta.

SUJETO   Doctora, ¿de verdad cree que hacerme proferir estas delirantes alocuciones va a ayudar a mi restablecimiento?

TERAPEUTA   Depende de su actitud. Si juzga de modo tan severo su antiguo estilo oral, si continúa reafirmándose en esa aversión patológica hacia su propio repertorio lingüístico, entonces nos resultará ciertamente difícil avanzar.

SUJETO   ¿Mi propio repertorio lingüístico es toda esa sarta de anacolutos?

TERAPEUTA   Esa es ahora su impresión; debemos erradicar esa acerva crítica hacia su genuino y particular estilo; un estilo acrisolado a partir de sus vivencias, de sus relaciones sociales, de lo que en definitiva constituye su propia identidad... Es decir, su lenguaje la hacía ser quien era. Aceptar esta circunstancia significa aceptarse a uno mismo. Insisto, sea un poco indulgente con la que ha sido y que quiere volver a ser.

SUJETO   Lo intentaré, pero no sé qué me cuesta más sobrellevar, si las incorrecciones sintácticas o la imprecisión léxica.

TERAPEUTA   Consuélese pensando que la lengua nunca podrá alcanzar el grado de precisión de las matemáticas.

SUJETO   Pero tenemos que llegar a un acuerdo, de lo contrario seríamos incapaces de comunicarnos.

TERAPEUTA Por supuesto, aunque siempre habremos de tener en cuenta los inevitables deslizamientos semánticos.

SUJETO   Me cuesta creer que yo he sido –soy– como esos tipos presuntuosos que se aluden a ellos mismos en tercera persona. Esa nefasta fórmula que puso de moda Julio Cesar en la Guerra de las Galias, no sólo ha sido adoptada por el mundo del deporte si no que se ha extendido por doquier como una plaga. El otro día, el vicepresidente del gobierno refiriéndose a sí mismo dijo algo así como que «el vicepresidente del gobierno haría las oportunas declaraciones cuando tocara». ¿Qué quiso decir con eso? ¿Cuándo tocara, qué? ¿Algún instrumento? Y ese distanciamiento petulante y mayestático. «El vicepresidente hablará cuando toque hablar». Es superior a mis fuerzas.

TERAPEUTA ¿No ha llegado a considerar que tal vez lo que padece está propiciado por un exceso de rigidez en la personalidad?

SUJETO   (Exasperada.) Pues sí, tal vez, siempre he sido una persona muy obsesiva.

TERAPEUTA ¿Maniaca?

SUJETO   Perfeccionista.

TERAPEUTA   Un perfeccionismo generador de múltiples frustraciones, además de la carga de intransigencia dogmática que ello comporta.

SUJETO   ¿Me piensa hacer psicoanálisis?

TERAPEUTA   Puede ayudar...

SUJETO   Permita que lo ponga en duda, antes del golpe mis traumas y frustraciones eran muchos, sí, pero no sobresalían de las del común de los mortales; por eso se me podía considerar una persona normal. Vivía con mis ansiedades de un lado para otro sin que ello me supusiera un especial problema. Era una criatura bien adaptada. Pero le confesaré una cosa, ahora que puedo nombrar muchas de las aflicciones del ánimo que me aquejan, ahora sí estoy empezando a padecer problemas en ese sentido.

TERAPEUTA   Los griegos inventaron la palabra «melancolía» para designar un determinado estado de ánimo.

SUJETO   Pues habrá que inventar una palabra para estas drásticas transformaciones logopédicas.

TERAPEUTA   ¿Está usted realmente interesada en curarse?

SUJETO   Ya lo creo, sólo que no estoy segura.

TERAPEUTA   ¿Segura de qué?

SUJETO   De que esto pueda ayudar. Al fin y al cabo, sólo
              es un experimento.

TERAPEUTA   El hecho de que esto sea un experimento,
              ¿cómo cree que le impide obtener la ayuda que
              necesita?

SUJETO   Los experimentos son para las investigaciones,
              pero hay algo en lo que realmente necesito
              ayuda.

TERAPEUTA   ¿En qué?

SUJETO   (*Tras una pausa.*) Estoy confusa, a veces ten-
              go la impresión de que me da miedo crecer,
              evolucionar... Puede que lo que en el fondo
              me ocurra es que me falte el coraje necesario
              para reconocerme en posesión de un lengua-
              je cultivado... No sé si me explico...

TERAPEUTA   Perfectamente. No se siente merecedora de las
              prerrogativas lingüísticas adquiridas y eso la
              hace sufrir. La gente suele sufrir por una ca-
              rencia, usted por una abundancia. ¿Por qué ha
              desestimado hasta ahora la ayuda de los psi-
              cólogos?

SUJETO   La mayoría de ellos posee una inteligencia me-
              dia muy similar a la mía, por tanto, no me re-
              sultan de gran utilidad. Usted en cambio...

TERAPEUTA   ¿Yo...?

SUJETO   Usted me ofrece confianza porque creo que ob-
           jetivamente es más inteligente que yo. Por eso
           estoy aquí, en sus manos, dispuesta a prestarme
           a cuantas pruebas quiera someterme.

TERAPEUTA ¿Qué es lo que realmente busca? ¿Recuperar
           su forma elemental de expresarse o dejar de su-
           frir por las facultades adquiridas?

SUJETO   Quiero volver a ser la que era. Como bien dice,
           uno es lo que habla y le puedo asegurar que
           ésta que ahora lo hace no soy yo.

TERAPEUTA ¿Conoce la pieza teatral *Pygmalión*? Inspirada en
           ella se llevó a cabo una obra musical titulada *My
           fair lady*. En ella, un profesor de fonética se em-
           peña en que una florista semianalfabeta termi-
           ne hablando como una refinada dama.

SUJETO   Y de ese modo, deja de ser quien es.

TERAPEUTA Permítame recordarle que las personas, al igual
           que la lengua no somos entes inamovibles, no
           existen estados fijos sino procesos en continua
           transformación. Usted debería saberlo: ¿aca-
           so la primera gramática caída de las alturas
           como un Pentecostés de normatividad se pa-
           recía en algo a la última edición de la RAE que
           también sacudió su cabeza?

SUJETO   La Academia se limita a constatar las trans-
           formaciones naturales de la lengua. Al menos
           eso dice.

TERAPEUTA   Esas transformaciones naturales en un principio eran neologismos que hacían rechinar los oídos de los puristas.

SUJETO   No sé adonde quiere ir «parar. Pensaba que todo este dispositivo estaba concebido para mi regresión lingüística. No necesito entablar ningún debate acerca de la Academia ni de los usos y abusos del pueblo para con su idioma.

TERAPEUTA   De acuerdo, pero, insisto, tendrá que poner más de su parte.

SUJETO   Bien, lo intentaré. Tan es así que estoy dispuesta a «autoinfringirme a mí misma» gazapos como los que acabo de enunciar. Tan es así... Tan es sí...

TERAPEUTA   Tanto es así...

SUJETO   Exacto, esa es la forma correcta o, también, «tan así es...» Y en cuanto a «infringirme a mí mismo»...

TERAPEUTA   Quiso decir «infligirse».

SUJETO   No, a conciencia dije «infringirme», asumiendo esa generalizada confusión entre los dos términos. Infringir, quebrar las normas. Infligir, causar daños.

TERAPEUTA   En este caso los dos verbos expresan acertadamente su propósito.

SUJETO   Además, he añadido esa coletilla de «a mi mis-
            ma», completamente innecesaria junto al re-
            flexivo «me».

TERAPEUTA   ¿Y cómo se siente ahora?

SUJETO   Puedo soportarlo.

TERAPEUTA   La felicito, sin duda es un gran avance.

SUJETO   Tendré que practicar más.

TERAPEUTA   Desde luego. En este sentido se inscribe el si-
            guiente ejercicio. Le voy a plantear una serie
            de oraciones coloquiales para que usted las for-
            mule con alguna incorrección. Trate de res-
            ponder de forma casi automática. Bien, ahí va
            la primera. Yo la expreso correctamente y us-
            ted la trasforma con algún pequeño error gra-
            matical. Voy. «Esta conclusión la saqué con base
            en la información que leí». Esta es la forma co-
            rrecta, sin embargo, generalmente se dice…

SUJETO   (Tras pensar unos instantes.) Esta conclusión la
            saqué en base a la información que leí.

TERAPEUTA   «En base a». Muy bien. Ahí está la pifia. Otra:
            A mí es que, bueno, no me parece muy oportuno.

SUJETO   Yo es que, bueno, no me parece muy oportuno.

TERAPEUTA   «Yo es que». Correcto. Quiero decir, incorrecto.
            Siguiente. «Esto es grosso modo lo que pasa».

SUJETO   Esto es a grosso modo lo que pasa.

TERAPEUTA   Bien. Sobra la «a». «Me desesperé hasta el punto de ponerme a gritar».

SUJETO   Esta me cuesta un poco decirla mal… Deje que piense… Ya está: Me desesperé al punto de ponerme a gritar.

TERAPEUTA   Perfecto. Se suele decir «al punto» en lugar de «hasta el punto». «He dejado olvidados en casa mi vestido y mi teléfono».

SUJETO   He dejado olvidado en casa mi vestido y mi teléfono.

TERAPEUTA   Bien. Se suele enunciar el verbo en forma singular. Otra: Esta cantidad es mayor que la otra.

SUJETO   Esta cantidad es mayor a la otra.

TERAPEUTA   «Mayor a la otra»; qué mal suena, ¿verdad? Pero es muy común. Y la última: Esta unión es para siempre.

SUJETO   Esta unión es por siempre.

TERAPEUTA   También es muy habitual ese cambio de preposición «por» por «para» y «para» por «por». ¡Bravo! ¡Siete de siete!

SUJETO   Pues la verdad es que no me ha costado errar tanto como hubiera supuesto.

TERAPEUTA ¿«Errar» con o sin hache? ¿Cómo lo escribiría?

SUJETO Me temo que sin «hache». Todavía no estoy en disposición de cometer ese tipo de faltas ortográficas. El verbo «herrar» con «hache» significa poner hierro o herrajes a una cosa; sin «hache» es sinónimo de no acertar.

TERAPEUTA Son palabras homófonas que generan curiosos juegos del lenguaje.

SUJETO Me exasperan.

TERAPEUTA De esa materia está hecha la poesía. ¿No le gusta la poesía?

SUJETO Por supuesto, pero también me gustan los marcos bien definidos. Precisamente la poesía puede sacarles partido a estos recursos de polisemia porque su ámbito está al margen del habla cotidiana.

TERAPEUTA Esa es una visión un tanto idealista de la expresión poética. Decimonónica.

SUJETO Pues quítemela, doctora. Antes del golpe carecía completamente de opiniones sobre retórica, pragmática y poética. Ese sarpullido de excelsos vocablos esdrújulos no formaban parte de mi repertorio. Si acaso, los futbolísticos, ya sabe que he sido una gran aficionada: árbitro, técnica, táctica y «prólaga». Sí, así,

con esa «l» usurpadora de la «doble rr»: «pró-
rroga». De prorrogar, no de prologar.

Terapeuta   Lambdacismo.

Sujeto   Exacto, pronunciar como «l» la letra «r», como
cuando en algunos lugares de América dicen
«mi amol».

Terapeuta   ¿Le parece bien que quienes pronuncian
«amol» escriban la palabra «amor» con «l»?

Sujeto   En absoluto.

Terapeuta   Lea esto, por favor. *(Se proyecta la siguiente cita
de Nebrija.)* «que assí tenemos que escrevir
como pronunciamos e pronunciar como es-
crivimos».

Sujeto   Créame que tengo muy presente esa cita de Nebrija. Su Gramática fue la primera en impac-
tar sobre mi cabeza.

Terapeuta   Pero no está de acuerdo con ese postulado...

Sujeto   No, no lo estoy. La escritura fonémica que propone nos llevaría a una suerte de Babel orto-
gráfica. Imagínese la normalización escrita de
los seseos, ceceos, las elipsis, las haplologías
o las espantosas paragoges como ese engendro
oral consistente en colocarle una «s» a la segunda persona del pretérito perfecto.

TERAPEUTA «Contestastes», como en la famosa canción.

SUJETO No sé si algún día podré hacer míos tales engendros...

TERAPEUTA ¿Y si la Academia terminara admitiéndolos?

SUJETO No tendría más remedio que acatar su dictamen, a pesar de mi discrepancia. Como cuando eliminó la tilde de la palabra «sólo». La palabra «solo» ... (*Al* SUJETO *le sobreviene un acceso de lirismo.*)
Pájaros?
¿el pájaro? ¿los pájaros?
¿hay sólo un solo pájaro en el mundo
que vuela con mil alas, y que canta
con incontables trinos, siempre solo?

Son versos de Pedro Salinas. Hermosos, ¿verdad?

(Repentinamente, se viene abajo.)

TERAPEUTA ¿Qué le sucede? ¿Se encuentra bien?

SUJETO ...

TERAPEUTA (*A la audiencia.*) El sujeto se haya indispuesto. Démosle unos instantes para que se recupere. Bien, este es un buen momento para aprovechar y comentar el caso... Si alguno quiere hacer uso de la palabra puede hacerlo, eso sí, con especial cuidado sintáctico... (*Por el* SUJETO.) Ya saben...

SUJETO   Yo.

TERAPEUTA   ¿Cómo dice?

SUJETO   Que quiero hacer uso de la palabra.

TERAPEUTA   Está bien, pero ¿se encuentra en condiciones?

SUJETO   *(A la audiencia con amarga ironía.)* Señoras,
            señores, este pájaro –sujeto femenino sin pre-
            dicado– se encuentra perfectamente solo; solo,
            sin tilde; solo, sin compañeros de trabajo, sin
            amigos, sin familia, sin reconocerse siquiera
            en quien era no hace mucho. Solo como uno
            de esos personajes satíricos de la literatura clá-
            sica; un «erudito a la violeta» escarnecido en
            el escenario; sola como esas ridículas bachilleras
            del teatro clásicos; muy bien, ¿qué esperáis?,
            ¿un solo, sin tilde, de este solo patético y re-
            sabiado? El soliloquio del solo sin tilde contra
            el ruido y la furia del vulgar parloteo; el mo-
            nólogo de una posesa que profiere una ignota
            lengua sobrevenida escupiendo sintagmas y ora-
            ciones ajenas a su ser. Un ser súbitamente con-
            vertido en un fenómeno de feria para solaz de
            la filología y la neurociencia; acaso condena-
            do a exhibirse en programas de variedades te-
            levisivas para ganarse la vida. Esos programas
            que tanto disfrute le procuraron en su día a
            mi extraviado yo... Si pudiera despojarme de
            esta espuria piel de canónica oratoria... De es-
            tos «incontables trinos» de pájaro redicho...
            Si pudiera, en estos instantes, cometer, qué se

yo, un simple y manido pleonasmo del tipo
«tengo que subir»; o permitirme el uso del po-
sesivo tras el adverbio para decir de forma incorrecta «delante mío» como les es dado proferir a muchos otros… Pero a mi delicado sistema inmunológico no tolera estas ligerezas
idiomáticas, ya siento como el sudor frío re-
corre mi espalda y se me entrecorta la respi-
ración; y ni siquiera esta dolencia que me aque-
ja se halla contemplada en ese catálogo que la
sociedad médica ha definido con escaso esfuerzo imaginativo como «enfermedades ra-
ras»; en absoluto, la ciencia no se había inte-
resado por mi hasta el día de hoy, en cambio
he recibido numerosas invitaciones de para-
sicólogos y profesionales de ese perverso oxí-
moron llamado «ciencias del misterio», las he
rehusado todas… he tratado de protegerme
buscando con denuedo espacios de seguridad
léxica; confinarme en alguna burbuja que im-
pidiera cualquier contaminación prosódica a
pesar de mi imperiosa necesidad de establecer
contacto con mis semejantes; y así, por ejemplo, he hallado alivio en las representaciones
de teatro clásico; aislada en mi butaca me de-
leito escuchando las voces de nuestros poetas
dramáticos; cuánta gracia y naturalidad en la
forma; y quisiera, entonces, darles la réplica…
aunque claro, en tales circunstancias mi in-
terlocución con las figuras que aparecen en
la escena resulta completamente imposible, y
eso que en cierta ocasión estuve a punto de re-
plicar desde la platea a una pregunta retórica

calderoniana… Afortunadamente supe reprimir esa fiera tentación de interpelar al actor en plena representación, ahora bien, una vez acabada la función decidí, qué ilusa, conversar con aquella compañía de cómicos que tanto me había subyugado; me acerqué al bar contiguo al teatro y los felicité por su buen hacer sobre las tablas; agradecidos, me recibieron de buen grado prestando una gran atención a los elocuentes elogios con que regalé sus ávidos y, al parecer, insaciables oídos; cuando finalizó el panegírico dejaron de prestarme atención y con su consustancial desenfado comenzaron a conversar entre ellos acerca de todo lo habido y por haber: desde las particularidades de su oficio hasta los abstrusos mecanismos de la geopolítica internacional; sí, comenzaron a hablar asertivamente de un sin fin de asuntos, aunque hablar de «hablar» sea una manera muy condescendiente de designar toda aquella tremolina de anacolutos y solecismos con que ufanos se despacharon con esa donosa desenvoltura propia de la farándula. Finalmente decidí abandonar prudentemente aquella ciénaga antes de emprenderla golpes contra aquellas figuras como hiciera Alonso Quijano con el célebre retablillo de Maese Pedro. Lo pasé ciertamente mal.

TERAPEUTA Vamos, anímese; estamos cerca de lograr nuestro objetivo, así que igual puede hoy mismo volver a ser la que era.

SUJETO   (*Paranoica.*) ¿Qué pretende? Lo está haciendo adrede, ¿no es así?

TERAPEUTA ¿Cómo?

SUJETO   Ese «así que igual» está mal dicho. Se dice o escribe «así que a lo mejor».

TERAPEUTA Está bien, disculpe. Tenía que haber dicho «así que a lo mejor vuelve a ser la que era».

SUJETO   Siempre y cuando usted logre que no me afecten tanto estos pequeños detalles.

TERAPEUTA Vamos por el buen camino si empieza a considerarlos «pequeños detalles».

SUJETO   Le aseguro que estoy poniendo todo de mi parte.

TERAPEUTA No me cabe la menor duda. Está luchando con dos naturalezas adversas.

SUJETO   (*Corrigiendo, exasperada.*) Distintas.

TERAPEUTA Con dos naturalezas distintas…. Han tenido algunas reacciones inesperadas, debemos averiguar el origen de las mismas.

SUJETO   Su origen… averiguar su origen… Nunca «el origen de las mismas»…

TERAPEUTA   (*También exasperada.*) Bien, le decía que debemos averiguar «su» origen. El origen de sus intolerancias. En breves minutos procederemos a una nueva prueba.

SUJETO   Los minutos no son ni breves ni largos; mejor diga «en unos pocos minutos procederemos a lo que sea...».

TERAPEUTA   (*Saltando.*) Bueno, ya es suficiente. Le aseguro que no resulta nada grato tratar con un corrector de estilo antropomorfo.

SUJETO   Es una buena definición. Precisa.

TERAPEUTA   Disculpe...

SUJETO   Un corrector impertinente, ese árbitro enloquecido que no deja de mostrar tarjetas de pureza idiomática a diestro y siniestro.

TERAPEUTA   ¿Mantiene su afición al fútbol?

SUJETO   Sí, pero, por razones evidentes, ya he dejado de acudir al estadio; los partidos de mi equipo los sigo en televisión, eso sí, con el volumen desactivado. La última vez que escuché a un locutor decir que si mi equipo perdía el entrenador se jugaba «literalmente» la cabeza propuse al club la instalación de una guillotina en mitad del campo para que comentaristas como aquel perdieran esta vez sí «literalmente» la cabeza.

TERAPEUTA   ¿Y la peña de la que forma parte?

SUJETO   ¿También sabe eso? La he abandonado. O, mejor dicho, sus miembros también me han dado la espalda. Otros que afirman que he perdido «literalmente» la cabeza. Serán zotes.

TERAPEUTA   Precisamente la siguiente prueba le va a transportar a una relajada reunión en el local donde se reúnen para departir sobre las vicisitudes de su equipo.

SUJETO   (*Nostálgica.*) Pensar que allí fui feliz tras cada jornada…

TERAPEUTA   Si hace el favor…

            (*Vuelve a activar el dispositivo. El* SUJETO *va entrando en situación.*)

SUJETO   … te lo digo yo que no que ese lateral es literalmente un coladero que si que corre bien la banda y todo lo que tu quieras pero no tiene ni idea de cubrir al hombre sobre todo si ese hombre ha salido de refresco en la segunda parte que es lo que yo digo a ese lateral en la segunda parte ya va escaso de forma física y le sobra tiqui-taca y sí vale de cabeza no va mal y controla el fuera de juego y sabe incorporarse al ataque pero cuando hay que replegarse para achicar los espacios entonces amigo ahí te quiero ver pero bueno todo esto se le podría perdonar si la grada siente que siente los colores que se deja el alma en cada lance del juego porque yo te voy a decir una cosa prefiero un paquete que sabe sudar la camiseta a un crack de esos que sólo piensan en la pasta y les importa un huevo el sentimiento de la afición...y todavía te digo más...

(*De repente se queda en blanco.*)

TERAPEUTA ¿Sucede algo?

SUJETO Es extraño...

TERAPEUTA ¿Sí?

SUJETO Me he quedado en blanco. Por favor, ¿puede recordarme qué iba diciendo?

TERAPEUTA Hablaba de un lateral de su equipo...

SUJETO Ah, sí. Ese lateral que acaba de fichar el club es un jugador que no le gusta entrenar...

TERAPEUTA Querrá decir «al que no le gusta entrenar».

SUJETO No, yo he dicho «ese jugador que no le gusta entrenar...».

TERAPEUTA Pero es una forma incorrecta.

SUJETO Por supuesto, es la forma que yo... Un momento, ¿seguimos en la prueba?

TERAPEUTA   Me temo que no.

SUJETO   ¿No?

TERAPEUTA   No.

SUJETO   ¿Negativo?

TERAPEUTA   Negativo.

SUJETO   ¿Entonces?

TERAPEUTA   Entonces, la ha cometido sin ningún tipo de inducción. Creo que está empezando a hacer efecto el programa.

SUJETO   Esto es buenísimo, además, he dicho «negativo» en lugar del natural adverbio de negación. ¡Como antes! ¡Me estoy curando!

TERAPEUTA   No debemos cantar victoria tan rápido, pero sí, no cabe duda de que son buenas señales.

SUJETO   Estoy segura que voy a superar esta crisis que estoy atravesando.

TERAPEUTA   Mire, ha sonado la alarma dos veces. «Estoy segura de que voy a superar… (ha omitido el «de»)… «esta crisis por la que estoy atravesando». Son resultados muy alentadores.

SUJETO   Qué emoción, estoy empezando a hablar mal con facilidad.

TERAPEUTA Le aconsejo que vaya haciéndolo poco a poco. Si lo hace de golpe podría sufrir un nuevo acceso de rigor académico. Le recomiendo que de momento sólo cometa pequeños errores lingüísticos. Cuando se quiera dar cuenta ya serán de bulto y podrá manejarse con ellos con plena normalidad, sin que le afecten en absoluto.

SUJETO Gracias, doctora, gracias por resucitar a la vida civil a esta Lázara resabiada. (*A la audiencia.*) Y a todos ustedes, también les doy las gracias. Nunca he dejado de confiar en la ciencia. Nunca. Son todos ustedes unas personas humanas maravillosas. Maravillosas, no; lo siguiente.

TERAPEUTA Valoro muy positivamente verla así de «extrovertida».

SUJETO (*Palidece de repente.*) ...

TERAPEUTA ¿Se encuentra bien?

SUJETO Haga el favor de no formular preguntas superfluas. Está claro que no estoy bien. Nada bien. «Valoro muy positivamente verle así de extrovertido». ¿Pero qué pretende? Valorar es siempre positivo. «Verla». Y es «extravertido», con «a», no con «extrovertido» ...Me falta el aire...

TERAPEUTA Está recayendo... me pregunto a qué ha podido deberse. Con lo bien que íbamos. ¿Ha leído mucho últimamente?

SUJETO   La verdad es que sí, más que nunca.

TERAPEUTA   Me lo temía. ¿Qué tipo de lectura?

SUJETO   Literatura española.

TERAPEUTA   ¿Género?

SUJETO   Variado.

TERAPEUTA   ¿De alguna época en especial?

SUJETO   No.

TERAPEUTA   Vamos a tener que realizarle un lavado de asi-
              milación lectora. Y cuanto antes, padece una so-
              bredosis de información tipográfica y de crea-
              ción literaria. Con esos niveles de contami-
              nación es muy difícil recuperar su condición
              de iletrada funcional.

SUJETO   En fin, si usted lo ve necesario.

TERAPEUTA   Absolutamente.

SUJETO   Pues una vez más me pongo en sus doctas ma-
              nos.

TERAPEUTA   Muy bien. Siéntese aquí un momento, quieta
              y en silencio. Gracias. (*A la audiencia.*) A con-
              tinuación, vamos a llevar a cabo un novedoso
              tratamiento aún en fase experimental. Se trata
              de una intervención nada invasiva que elimina

las huellas emocionales y/o conceptuales que el acto de la lectura ha dejado en la mente del sujeto. Ese «poso» como es conocido vulgarmente, se diluye de forma instantánea al aplicar nuestro sistema. De todos son conocidos avances similares a la hora de borrar de la memoria del paciente experiencias particularmente traumáticas, la novedad que incorporamos en esta ocasión es extender estos tratamientos a la práctica lectora pues, hasta la fecha, incomprensiblemente, no se consideraba «experiencia» todo cuanto acontece en la conciencia del sujeto durante el acto de la lectura. Esta ha sido, pues, nuestra aportación y que nos disponemos a llevar a cabo de forma empírica en estos momentos. Vamos a ello. Estos monitores nos van a ir informando acerca de la procedencia del material ingerido. Título de la obra, autor y demás pormenores. (Al Sujeto.) ¿Preparada?

Sujeto   Sí, ¿qué debo hacer?

Terapeuta   Nada, tan solo relajarse en disposición de evacuar ese atracón de «alimentos del espíritu» que se ha dado últimamente. Bien, procedamos al proceso de deyección idiomática.

(Se activa el mecanismo. El Sujeto *femenino en un momento dado comienza, transida, a proferir de forma compulsiva y atropelladamente párrafos de señaladas obras literarias.)*

SUJETO   *El sol arriba se embebia en las copas de los ar-*
            boles, trasluciendo el follaje multiverde...

TERAPEUTA   *(Consultando los monitores.)* El Jarama, de Ra-
            fael Sánchez Ferlosio.

SUJETO   *... El otro había asistido, más bien curioso, al su-*
            plicio de cierto Yesúa de Nazaret, y bajaba de la
            montañuela para entrar en la ciudad antes que
            los portones y cadenas se cerrasen...

TERAPEUTA   *Al anochecer.* Emilia Pardo Bazán.

SUJETO   *... —¿Qué día, a qué hora se ve a un español?*
            Vímosle por fin, y «Vuelva usted mañana –nos
            dijo–, porque se me ha olvidado. Vuelva usted ma-
            ñana, porque no está en limpio»...

TERAPEUTA   Mariano José de Larra.

SUJETO   *...Pues, señor, ¿no sé bastante? ¡Que por fuerza*
            he de ser doctora y marisabidilla, y que he de
            aprender la gramática, y que he de hacer coplas!
            ¿Para qué? ¿Para perder el juicio?...

TERAPEUTA   *La comedia nueva.* Leandro Fernández de Mo-
            ratín.

SUJETO   *...La adolescencia es cosa bárbara, es comerse*
            con la mirada los langostinos crudos que se ven
            en las pescaderías, querer cazar osos blancos en
            los escaparates de las peleterías, (...) y creer que

una mujer hermosa pura y vacante nos va a de-
tener en la calle para decirnos que nos adora...

Terapeuta   *Automoribunda.* Ramón Gómez de la Serna.

Sujeto   ... *Transformar con matemática de espejo cón-
cavo las normas clásicas...*

Terapeuta   *Luces de Bohemia.* Ramón María del Valle Inclán.

Sujeto   ... *El lorito y ella se pasaban los días en el mi-
rador. ¡Cuánta paciencia tuvo que tener para qui-
tarle su horrible vocabulario!...*

Terapeuta   Elena Fortún. *Oculto sendero.*

Sujeto   ...*Nos lanzamos a la brecha tras la heroica mujer, a punto que los franceses intentaban con es-
calas el asalto...*

Terapeuta   Galdós. *Episodios Nacionales. Zaragoza.*

Sujeto   ...*Son tan oscuras de entender estas cosas inte-
riores, que a quien tan poco sabe como yo, for-
zado habrá de decir muchas cosas superfluas y
aun desatinadas para decir alguna que acierte...*

Terapeuta   *Las Moradas.* Santa Teresa.

Sujeto   ...*Puedo decir que un hombre como yo, por in-
significante que fuese, había contraído méritos
bastantes para haber sido fusilado por los unos
y por los otros...*

TERAPEUTA   Chaves Nogales. *A sangre y fuego* –prólogo–.

SUJETO   *… Decía que le hablasen desde lejos y le pre-
guntasen lo que quisiesen, porque a todo les res-
pondería con más entendimiento, por ser hombre de vidrio y no de carne…*

TERAPEUTA   Cervantes. *El licenciado vidriera.*

SUJETO   *…Yo no supe dónde entraba,
pero cuando allí me vi
sin saber dónde me estaba
grandes cosas entendí
no diré lo que sentí
que me quedé no sabiendo
toda ciencia trascendiendo…*

TERAPEUTA   San Juan de la Cruz. También ha estado leyendo poesía.

SUJETO   …

TERAPEUTA   Bien, ya está. Menudo festín. No me extraña
que no pudiera reconectar con su yo inculto
y asilvestrado. Ya puede moverse. (*El* SUJETO
*ha quedado inmóvil, en silencio, como en tran-
ce.*) ¿Me ha oído? Oiga, oiga… (*El* SUJETO *no
reacciona. A la audiencia.*) Bien, resulta hasta cierto punto previsible esta reacción o, para ser más
exactos, esta falta de reacción en el sujeto. Tras
el vaciado al que acaba de ser sometido debe ir
rehaciendo paulatinamente un nuevo sistema
en sus circuitos cerebrales. (*Al* SUJETO.) ¿Oiga?

¿Oiga? ¿Puede oírme? (*El* Sujeto *sigue sin reaccionar.*). El sujeto acaba de abrir los ojos. ¿Puede oírme? El sujeto ahora sonríe. ¿Cómo está? Puede hablar. El sujeto vuelve a sonreír, pero calla. ¿Sabe por qué está aquí? El sujeto asiente. Me dispongo a preguntarle: ¿Es incapaz de expresarse oralmente o ha renunciado expresamente a ello? El sujeto vuelve a sonreír. Parece dirigirme una suerte de reverencia. Ahora también la extiende a todo el auditorio. Hace un gesto de silencio. Deambula por el espacio como si padeciera sonambulismo. Se lleva el dedo índice a los labios reproduciendo el gesto universal del silencio. Se recuesta en el suelo adoptando la posición fetal. El sujeto permanece inmóvil. Parece dormir. Sí, duerme… Ahora el sujeto empieza a emitir sonidos. Prestemos atención a lo que dice, si es que esos balbuceos tienen algún significado.

Sujeto   (*Balbucea en sueños.*) Las palabras monosílabas –fui, fue, ti, dio, fe, bien…– no llevan tilde, salvo en los casos de tilde diacrítica. Se consideran monosílabas palabras como guion, truhan, ruin, crie, fiais, aunque haya hablantes que pronuncien sus diptongos o triptongos en sílabas distintas…

Terapeuta   (*Con fascinación científica.*) Está expulsando reglas ortográficas.

SUJETO   (*Delirando.*) La conjunción «o» cuando se coloca entre cifras se escribirá siempre sin tilde: Lo acabaré dentro de 1 o 2 días...

TERAPEUTA   ¡Fascinante!

SUJETO   ...Cuando en la unión de un prefijo con una palabra aparecen dos vocales iguales juntas, se recomienda eliminar una de ellas: contraatacar $\rightarrow$ contratacar, reelegir $\rightarrow$ relegir, preestreno $\rightarrow$ prestreno.

TERAPEUTA   Eso no lo sabía.

SUJETO   Excepto si la palabra que se crea tiene distinto significado: reemitir –volver a emitir– y remitir –enviar–, semiilegal –medio ilegal– y semilegal –medio legal–.

TERAPEUTA   Mira por dónde.

SUJETO   Se escribe donde, sin tilde, cuando podemos equiparar la función que tiene la oración que encabeza con un complemento de lugar –«Yoli trabaja cerca de donde vive Paco»–; pero se escribe con tilde en las oraciones interrogativas en las que se pregunta por el lugar –«¿Dónde trabaja Yoli?» o «No estoy segura de dónde...». O en las exclamativas: «¡Mira por dónde!»–...

TERAPEUTA   No, si ya...

SUJETO   *(En creciente frenesí.)* ...«ya», adverbio de tiempo y conjunción distributiva –ya por una cosa, ya por otra–.

TERAPEUTA   Ya mismo lo apunto.

SUJETO   Expresión incorrecta, dígase «ahora mismo lo apunto»...

TERAPEUTA   *(A la audiencia.)* ¿Recuerdan aquella película basada en la novela de Clarke, 2001, una «odisea en el espacio»?

SUJETO   *(De forma automática, en el mismo delirio.)* Los títulos de las obras de creación se escriben en cursiva y con inicial mayúscula solo en la primera palabra y en los nombres propios...

TERAPEUTA   *(Con euforia científica.)* El computador Hall también se resistía a ser desactivado e, igualmente, comenzó a delirar... Sin duda, estamos a punto de lograr la total reconversión del sujeto.

SUJETO   *(Con tono de párvulo escolar.)* ...Se llama sílaba cada uno de los golpes de voz con que pronunciamos las palabras. Letras son los signos que forman las palabras. Las letras pueden ser vocales y consonantes. La letras vocales son a, e, i, o, u. Letras consonantes son todas las demás: b,c, d,f, g, h...

TERAPEUTA   Ha entrado en su fase escolar. Está liberando sus escasos conocimientos lingüísticos adquiridos en su breve paso por la escuela primaria.

SUJETO   *(Canturrea en tono infantil.)*
Las letras vocales son cinco,
y si las miras bien, tienen formas curiosas:
La A es una escalera
La E un peine en pie.
La I un palito con un gorrito.
La O un bostezo: ¡o!
La U una herradura.
—¡Es verdura!
Las chavalas y chavales
ya se saben las vocales.

TERAPEUTA   *(Leyendo la referencia en el monitor.)* Gloria Fuertes. Todo va según lo previsto.

SUJETO   *(En un éxtasis de onomatopeyas hasta que, de nuevo, se queda aletargada.)* Cua-cua... beee... muuu...

TERAPEUTA   Onomatopeyas de animales que aprenden los niños.

SUJETO   Agggggh...

TERAPEUTA   Onomatopeya de angustia.

SUJETO   Brrrr...

TERAPEUTA   Sensación de frío.

SUJETO   Buaaaa…

TERAPEUTA   Llanto.

SUJETO   Puaj.

TERAPEUTA   Asco.

SUJETO   Muac.

TERAPEUTA   Beso.

SUJETO   Zzzzz…

TERAPEUTA   Sueño. (*El* SUJETO *femenino se queda dormido.*) El sujeto ahora duerme, tal vez sueñe lo que sueña el niño que aún no ha adquirido la capacidad de hablar… En unos instantes, sin embargo, irá incorporando en su cerebro las reglas lingüísticas básicas y podrá volver a comunicarse con palabras. La atrofia del sujeto consistía en un exceso de conciencia; cuando los seres humanos nos comunicamos casi nunca somos conscientes de la forma en que estructuramos y escogemos las palabras pues el lenguaje de por sí ya comporta una estructura, un determinado sistema… Esa estructura es la que va a recuperar el sujeto para poder expresarse sin ese incómodo policía del lenguaje adherido a su conciencia… En cuanto el sujeto despierte habrá reconectado su modelo lingüístico con su mundo experiencial. El lenguaje es un medio para comunicar nuestra representación de la realidad. El sujeto estaba aislado de su mundo debido a un exasperante control de un habla ajena a su experiencia. Por otro lado, resulta curioso observar como el sujeto ha rehusado las posibilidades de comprensión de la realdad que le habría procurado su accidente en la biblioteca de la RAE. De alguna manera el sujeto se asustó ante su inesperado potencial y desarrolló una patológica resistencia a sus nuevas aptitudes. Finalmente, nosotros le hemos ofrecido la posibilidad de volver a integrarse de forma natural en su entorno. Atención, parece que vuelve en sí.

(*El* Sujeto *despierta.*)

Sujeto   ¿Qué hora es?

Terapeuta   Son…

Sujeto   ¿Quién es usted?

Terapeuta   (*A la audiencia.*) Una amnesia momentánea. Contábamos con ello. (*Al* Sujeto.) Soy su reeducadora sintáctica y ellos son mis colegas que, con su consentimiento, han asistido a esta sesión terapéutica.

Sujeto   ¿Qué?

TERAPEUTA   Los ejemplares de la Gramática en la RAE…
¿recuerda? El golpe.

SUJETO   Sí, yo estaba currando en ese sitio y… ¡Catapún!… Toda esa montonera de libros se me cayeron encima de la mollera. Menudo leñazo.

TERAPEUTA   A partir del cual sufrió una anomalía en su sistema. Su competencia lingüística creció desmesuradamente lo que le produjo graves trastornos.

SUJETO   Si, ya que me voy acordando… De golpe y porrazo no podía dejar de hablar como una tía finolis de los tiempos del pasado… Y escuchar como hablaban mis contrarios me ponía de los nervios…

TERAPEUTA   Se ha sometido a una complicada y exitosa intervención.

SUJETO   ¿Ya estoy correcta?

TERAPEUTA   Eso parece.

SUJETO   ¿Y cómo lo puede afirmar tan positivamente?

TERAPEUTA   Se lo demostraré mediante la siguiente oración: «se halla usted en absoluto recuperado de su dolencia que traía padeciendo y que al final se ha terminado curándose debido a que literalmente no se le encoje el estómago ante la morrocotuda sintaxis de este mismo enunciado».

SUJETO   Pues ahora que lo dice… me siento a tope de fenomenal, como si me hubiera despertado de una pesadilla quitándome una piedra del zapato o una espina en la planta del pie.

TERAPEUTA Me alegra que se sienta a gusto en su nuevo universo comunicacional.

SUJETO   Sí, súper bien.

TERAPEUTA Procure durante un tiempo evitar lugares con libros o en la *red* páginas de literatura y similares.

SUJETO   Descuide, que para nada voy a dejarme contagiar otra vez.

TERAPEUTA Muy bien, pues ya esta preparada para reintegrase a la sociedad de forma natural con la seguridad de que no va a ser excluida por nadie. También, por supuesto, a la realidad virtual de las redes sociales.

SUJETO   Efectivamente, ya estoy lista *pa* los leones. Más bien que *ná*…

TERAPEUTA Ha sido un placer haber podido ayudarla, y le agradezco mucho que se haya prestado a hacer público este tratamiento.

SUJETO   Bueno, yo no soy de esas que les gusta que otros vean lo que hace en su intimidad privada, pero si puede ayudar a la ciencia. Además, estaba desesperada.

Terapeuta   Lo de la intimidad también es una tara del pasado que ya está prácticamente erradicada.

Sujeto   Doctora, es usted una crack. Al final ha conseguido conmigo lo mismo que con ese *Pigmolón*.

Terapeuta   *(Corrigiendo.)* Pigmalión.

Sujeto   *(Exultante.)* Solo que en mi caso la cosa ha sido del revés. Le doy otra vez las gracias a usted y a todos los profesionales especialistas de las enfermedades mentales de la cabeza de los seres humanos.

Terapeuta   Es nuestra obligación. La ciencia médica siempre tiene que estar al servicio de la sociedad.

Sujeto   A más que sí. ¿Sabe en qué pienso? En que esto que me ha pasado en los tiempos de mis abuelos no hubiera sido para tanto.

Terapeuta   Así es, pero ahora, en plena mitad del siglo XXI, vivimos una realidad muy diferente. *(A la audiencia.)* Hace menos de un siglo la corrección lingüística estaba bien vista, incluso se le llegaba a exigir al hombre de la calle; no estaba restringida, como es el caso, al campo de la ciencia, dada la necesidad de precisión de nuestras disciplinas. Sin embargo, en otros ámbitos se fue relajando la observancia sintáctica hasta generalizarse un habla descuidada y ordinaria como seña democrática de igualitarismo social; debe tenerse en cuanta, además, que la convivencia intercultural exigió la simplificación de todos y cada uno de los idiomas en interrelación. El Ministerio de Igualdad lanzó diversas campañas al respecto: «Lo importante es hacerse entender, evita la afectación insolidaria en tu forma de dirigirte al otro». De este modo, el exceso de competencia lingüística empezó a ser considerado ofensivo para el «discapacitado idiomático». Esa es la razón por la cual, sujetos como el aquí presente, que por alguna circunstancia se resisten o son incapaces de renunciar a su celo sintáctico, requieren una cuidada y específica asistencia como la que aquí acabamos de prestarle.

SUJETO   ¿Puedo, tomando el uso de la palabra, hacerle una pregunta?

TERAPEUTA Adelante.

SUJETO   ¿Entonces, cómo es que la Academia sigue ahí, vivita y coleando?

TERAPEUTA La Academia se ha mantenido en virtud de anónimas e inconfesables aportaciones privadas a cargo de nostálgicos irreductibles de la Lengua, y también, por las visitas que se llevan a cabo a diario en las que la gente disfruta de esta vetusta institución de igual manera que lo hace cuando visita una fábrica de vidrio del XVIII o unas termas romanas. Se ha convertido en una institución meramente testimonial.

Sujeto   Menudo peligro tiene ese sitio…Espero que la empresa no vuelva a mandarme allí a currar.

Terapeuta   Esperemos. En cualquier caso, no olvide ponerse el casco.

Sujeto   Muy bueno, eso, doctora. Muy bueno.

Terapeuta   (*A la audiencia.*) Estimados colegas, el sujeto ya se encuentra presto para volver a su hábitat natural.

Sujeto   Como un pájaro al que sueltan libre de la jaula a volar libremente por el aire libre. Qué les parece, he dicho una poesía… Un pájaro… Bueno, pues ya me despido, gracias otra vez a ustedes señores médicos y médicas especialistas y especialistos… No sé que me hubiera pasado si no llega a ser por usted, doctora… Me habría *quedao colgada* de sobredosis de tanta regla y tanto cuento chino de la academia esa… Si es lo que siempre yo me digo a mí misma cuando nos juntamos los de la peña: donde esté un buen médico que se quite la suegra…

Terapeuta   Bien, compruebo que está perfectamente recuperada. La salida es por allí… La están esperando…

SUJETO   ¿Quiénes?

TERAPEUTA   Los suyos.

SUJETO   ¡Ostras! ¡Remi! ¡Joshua! ¡Danerys…!

TERAPEUTA   Han estado observando toda la terapia por *streaming* en una sala contigua.

SUJETO   ¡La leche!

TERAPEUTA   También han acudido alguno de sus vecinos, sus compañeros de la peña de fútbol y, como gesto conciliador, el presidente de la asociación de padres de alumnos del colegio de sus hijos. Ahora la esperan todos allí, en la zona alta de este auditorio.

SUJETO   Esto es muy conmocionante. Por no decir otra palabra que también termina con «ante» y que empieza por «acojonan».

TERAPEUTA   Vaya.

SUJETO   ¡Esperarme, familia, que ya subo *parriba*!

            (*Sale.*)

TERAPEUTA   Bien, queridos colegas, aquí acaba la sesión. Podemos ir apagando las luces.

Oscuro.

Esta primera edición de *La gramática*,
de Ernesto Caballero, terminó de imprimirse
en enero de dos mil veinticuatro,
en Madrid